Unselig Mittelding von Engeln und von Vieh!
Albrecht von Haller

I

Spiegel

Jemand mit meinem Gesicht, der geborene Narr,
Wenn er lacht und wie es ihm langsam vergeht.

Zwei Männer

Auf einer Parkbank im Regen zwei Männer.
Der eine weinte und weinte, er weinte.
Der andere hatte seinen Arm um ihn gelegt.
Von zwei gleichaltrigen Männern
War der eine der Vater des anderen.

Elegie

Das Laub am Himmel leicht wie du und ich.
Der Weißdorn erzählte uns, was er wußte.
Alles war schön bei fast geschlossenen Augen.
Die Dächer schwammen hinaus ins Meer.
Ein Mann ging vorüber im Staub
Mit seinem Gepäck, Tränensäcke.
Hinter uns, vor uns glanzvolle Jahre.
Eiszeit, Eiszeit.

Maisingen

In ihrer eisigen Sprache,
Mamertus, Pankratius, Servatius,
Die alten, herzkalten Verderber,
Sie schrecken mich nicht.
Ihre Herrschaft drei Tage.
Keiner herrscht kürzer.

Vereinigung

Während wir nebeneinanderliegen,
Geschehen weit hinter einer Wiese die Dinge der Welt.
Die gedankenlose Luft umspielt den Flieder.

Während wir nebeneinanderliegen,
Bäumen sich in uns die Hingestreckten auf.
Ihre Lebenslinien wachsen durch unsere Herzen.

Während wir nebeneinanderliegen,
Brennt unser Auge auf dem Rücken der Welt.

Das Colditzer Wäldchen

Schatte und Schatten, die uns jagten,
Das Wäldchen ging gegen sie an
Mit Scharen von Bäumen, im Unterholz sahn wir
Verbündete Kräfte, die blicklose Deckung,
Das half uns nicht weiter, wir flohen
Im Fadenkreuz vorwärts, die schnatternden Läufe
Im Rücken, wir sackten vornüber, auf uns
Stethoskope: die Stiefel

Dieser eine Herbst

Der Lärm des Verblühens, dazwischen der Wald,
Dein Leib bedeckt von den waagrechten Moosen,
Sie stellten dich vor ihren Mündungen auf,
Du fielst mit dem Laub in die Tiefe,
Die Bäume Lautsprecher, dröhnend.

Stele

Der aufm Pflaster, die durchn Schornstein
Schall oder Rauch.

In stärkerem Maße

Zapfentrommler Wald grüner Landsknecht
Mehrfach getarnt: dich erkenn ich am Tritt
Deiner Bäume, ruhelos stampfen sie auf
Auf mich zu, in stärkerem Maße, verdoppeln
Das ist mir bekannt, ihre Besuche, nachts
Oder dienstags, zu Ostern, zu jeglicher Stunde
Erscheinen, wer weiß das nicht, die kürzlich
Im Waldgrab verblichen: Erschlagne, Gehenkte.
Die Drossel sahs, bot Widerstand, sang ein Lied
Sang keins, erdrosselt, wer da in die Grube fiel
So ging er hin, blieb hier in den Bäumen
Kommt, in stärkerem Maße, auf mich zu, warnend
Vor dem, was in mir ist, beharrlich, und sagt:
Wald grünes Blasrohr Geräusche

Die grünen Bäume starben in uns ab

Die grünen Bäume mit den schwarzen Stämmen
Wuchsen in uns ein und starben in uns ab.

Die Elemente der Erde, Phosphor und Schwefel,
Fielen aus den Wolken am Tag und in der Nacht.

Sirenen sägten Bunker in den Schlaf.
Ein Taschenlampenstrahl war der Abendstern.

Die Mäntel trugen wir übereinander.
Blicke glitten nach oben, wo auch Stare flogen.

Die roten Städte mit den schwarzen Haaren
Glichen nicht den Städten aus dem Bilderbuch.

Die wir unsere Väter nannten, erklärten nichts.
Ihre Stimmen schwiegen unter Befehlen und Schnee.

In den Wäldern toter Straßen und im Geäst
Des Vogelflugs erwachten wir zu plötzlich.

Die uns hätten Gefährten werden können,
Trugen keine Haut auf dem Gesicht.

Wir suchen nach der Haut unserer Gefährten
In den Gesichtern derer, die noch leben.

Zorn wohnt in uns, und Hoffnung ist da,
Wenn wir an grüne Bäume denken.

Terezín, das Gräberfeld. Für Robert Desnos

Vorausgesetzt,
Daß die Belegschaft des Friedhofs Ruhe bewahrt
Und nicht die achtzig Zentimeter fremder Erde
Aufbricht, sondern
Durchschläft und den üppigen Efeu weiterhin
Von unten betrachtet. Vorausgesetzt,
Daß die Opfer, leichtfertig unsterblich geheißen,
Uns nicht, dich nicht, mich nicht,
Beim Wort nehmen und eines beliebigen jüngsten Tages
Vor der Tür stehen, ohne weiteres, und
Sich räuspern. Für den Fall,
Daß die bröckelnden Särge nicht hochsteigen
Mit dem, was Straßennamen liefert, Kränze
Kostet und, wie es heißt, emotional allmählich
Abhanden kommt. Vorausgesetzt also,
Daß die gerühmte Belegschaft des Friedhofs,
Angesichts der makellosen Reisebusse,
Wirklich Ruhe bewahrt,
Schrei ich:
Den da,
An Händen und Füßen,
Ergreift. Einer,
Und das ist zu viel, einer
Steht hier und ist nicht
Bewegt, hat alles,
Im allgemeinen, entschieden
Vergessen.

Führender Kopf

1

Für die Dauer eines Referats, zehn Minuten
Zufuß aus nationalisierter Wohnung und pünktlich
Wie sein Magenleiden: im Arbeitszimmer
Der kleine, anfangs
Unbewachte Leib.

2

Die gekalkten Wände: Vier Briefe
In aller Form und Frühe. Der erste
Brennend: Eisen-
Bahnschwellen sind und ab sofort kein Holz
Für beispielsweise eiserne Öfen. Der zweite
Tierlieb an sechshundert Schützen
Lettischer Herkunft: Die Heerzunft des Kreml
Vergeude für zwar geräuschvolle Krähen
Keine Patronen, die zweifelsohne
Bestimmt sind für
Menschen, wenigstens
Für gewisse Fälle.
Unleserliches, mitgeteilt an Malkow,
Der dritte. Der vierte
Gespickt mit scharfer Wendung, denkbar wäre
Ein Dekret: Milch für die Kinder.

3

Vor Augen ein gutes Sechstel Welt, um ihn zwei Dutzend Leute, ferner der historisch bedeutsame Rest, das beste, siebenstellig im Land auf Achse.

Fernsehübertragung vom Schlachtfeld

Ich muß es mitansehn, aus dieser Entfernung,
In Sicherheit vor meinem harten Entschluß,
Die Koffer zu packen und ehrlich zu sein
In Bezug auf die Standhaftigkeit.

Je mehr ich verzweifle, an dieser Entfernung,
Je mehr ich besessen bin von der
Genauigkeit meiner entscheidenden Arbeit,
Und wärens nur Schrauben,
Es türmt sich das Leben in mir umso höher,
Von dem sie ein Höchstmaß gebrauchen,
Wenn sie nach vorn gehn.

Wie könnte ich ihre Gesichter vergessen,
Sie suchen mich heim in den friedlichen Tagen,
So brüderlich, wenn ich nach vorn geh,
Vertieft in mein eigenes Leben.

Der Ort

Wo ich über Zäune kletterte,
Die Taschen voller Kirschen,
Wo ich Schätze suchte,
Kühle Kiesel mit den Adern der Erde,
Mehlfesseln fürs Blasrohr aus Holunder,
Schneckenhäuser, grüne Scherben, blaue,
Wo ich den jungen Vogel begrub hinterm Regenfaß,
Drei Sprünge über sein Grab, damit er mich höre,
Wo ich Winnetou war,
Wo ich Sherlock Holmes war,
Wo ich am Bach saß und auf den Wassermann wartete,
Wo ich die Stichlinge im Bach für Hechte hielt,
Eine Sonnenfinsternis für den Weltuntergang,
Den nächsten Morgen für ein Wunder,
Wo ich die erste Zigarette rauchte mit zwölf
Im Fahrradschuppen vor der Schule
An einem todlangweiligen Nachmittag,
Ich machte zwei kurze Züge und hatte genug,
Wo das Hochwasser stieg und stieg,
Und der Hund an der Kette an seiner Hütte
Tat mir so leid, aber jemand schnappte mich
Grade noch am Hosenboden,
Wo ich einen Mann kannte, der Blut spuckte,
Wo die Hühner Hubschrauber waren,
Nachts lag der Startknüppel unter dem Bett,
Wo die Wiesen dottergelb waren im Mai,
Wo es schön war,
Wo ich klein war und dann auf einmal groß,
Wo jetzt eine alte Frau wohnt,

Die schlechte Augen hat und gut sieht,
Wenn die Kinder ihren Kirschbaum plündern,
Und sie verscheucht sie wie Amseln
Und ruft sie alle mit meinem Namen.

Meine Mutter

1

Im Bündel drei Nesselhemden, so ging sie
Los, das war alles, vom Land
In die sächsische Hauptstadt, ein
Mädchen, das höchstens
Von Sprüchen zehrte: Wenn du mir Schande machst,
Schick ich den Strick.

Weißnähen, Schneidern, am Sonntag
Hielt einer um ihre Hand an und pries den
Königin-Luisen-Bund. Ein anderer,
Blendend weiß die Manschetten, pries nur sie,
Der wurde genommen, dann sie,
Ihre Zeit verging beschwerlich, ein Sohn,
Sagte der Arzt, der Mann
Einberufen, Fallschirmjäger,
Überwiegend Kreta, dort blieb er, nun
Ein ganz ruhiger Beamter
Unter dem Himmel und unter der Erde.

2

Im Mai der Frieden, sie führte
Krieg gegen die leeren Teller, gegen
Die Kälte, die Hausierer, den Schlaf,
Mit allen Mitteln, mit Nadel und Faden,
Bis er groß war, der Sohn,

Über den Berg und über alle Berge, jetzt
Wehrt sie sich nicht mehr, gibt nach

Dem eigenen Alter und summt vor sich hin.

Mann zum Jahreswechsel 45/46

Wozu denn zwei Söhne, wofür
Der eine bei Narvik, der andre
Hinter der Wolga, vermißt, und beide,
Wozu denn, verloren, die Wohnung, unser
Bescheidener Laden, wozu denn,
Kurz vorm Ende, eine Sprengbombe
War es, und selbst noch die Frau,
Wozu denn das alles und so unwiderbringlich, für wen
Das nackte Leben retten, das Hemd wechseln,
Das Jahr, wozu denn das Glas erheben
Und auf wen.

Seitdem

Am Tisch in der Küche, ich seh ihn noch sitzen,
Mein Vater wie er schreibt und schreibt,
Druckbuchstaben mit der Redis-Feder, das große R,
Bei schlechter Beleuchtung, mit einem Auge, das andre
Eine gläserne Kugel, die Welt in seinem Kopf,
Er erklärte mir, was es damit auf sich hatte,
Verbrannte Erde, Stukas, Oder/Neiße, Besatzungsmacht,
Seitdem weiß ichs, sie stürzen sich in ihre Ziele,
Als er mirs vormachte, verlor er das Gleichgewicht,
Auf dem Boden die Splitter gekenterte Boote, am Morgen
Kauften wir, wie sie mich anglotzten! ein neues Auge,
Sie sind gar nicht rund, keine Kugeln, nicht
Wie Pflaumen, sondern, seitdem weiß ichs.

Tod des Vaters

Dann war er leicht genug
Noch bevor ich soweit war
Kein Mann
Kein Kind
Schwebte er davon
Fuhr ab
Am zweiundzwanzigsten Juni
Sommers Anfang Ende.

Kalender

Der Fliederbusch vor Großmutters Haus
Ein Schiff voller Klabautermänner,
Auf dem ich über die Meere fuhr.

Nach einem halben Leben
Mein Schiff abgeholzt,
Großmutter im Himmel,
Über kein einziges Meer gefahren,
Das Herz wie Fliederdolden schwer.

Dicht am Boden

Die Frühe sprang auf die Beine wie ein Lamm
Und sah mich am Boden, auf allen vieren.

II

Natur ist wirklich

Natur ist wirklich ein Stück Natur,
Diese mehreren Malven hier, in Gablenz,
Der Ahorn, windig, sie stehen fest, ihre
Wurzeln dort, wohin ich reise, im Tal
Der Fluß, man hörts, fragt sich durch.

Unter den Wolken

Die Wolken fahren zur Luft. Ihre Hoheit kennt keine Grenzen. Lautlos breiten sie sich aus über dem unteren Land. Von oben herab lauern sie uns auf. Mit ihnen zieht der kaltblütige Schatten, ein Mörder. Immerzu eine bewegliche Streitmacht, halten sie die karierte Landschaft in Schach. Aufgrund ihrer nicht erwiesenen Unschuld leiht das junge Schaf seinen zarten Namen ihnen. Die zackigen Blitze einzig nehmen beständig und donnernd Anstoß. Ihr bald schon verlorener Sohn, der Regen, verläßt sie beizeiten.

Das Unausweichliche

Das Unausweichliche, das sich Nacht für Nacht wiederholt, die Finsternis. Ach, die Finsternis in den Worten Freiheit und Liebe.

Alp

Als ich dich betrachtete,
Während du schliefst,
Deine Hand eine kleine falbe Taube,
Die den Flügel hängen läßt:

mitgegangen mitgehangen

Ich dachte vom Ende her an uns zurück.

Die Könige

Es war einmal und der Mächtigste weit und breit
Sehr stolz und übermütig
Sieben prunkvolle Paläste
Im goldenen Bett goldene Fraun
Die Schatzkammer, die Folterkammer
Allergnädigster Herr König
Die Kerker voll seit Menschengedenken
Wem gehört das Korn, ihr Leute?
Dem Herrn Grafen
Und wenn er nicht, dann noch heute.

Der Baum vor dem Schulhaus Wiltiswacht

Die Arme doppelzünglerisch in die Luft gestellt,
Ein grüner Heuchler im Fiederblattgewand,
Nimm dich in acht vorm Essigbaum, Rhus typhina,
Himmlisch schöner Blust, flaumig, samtig, zart,
Die Kinder seiner windigen Liebe aber
Wie Gallensteine hart,
Blatt- und Zackengallen, gallig
Fühlt er sich wohl, am wohlsten,
Nimm dich vor ihm in acht, er wächst
Dir übern Kopf, um dir das Fell zu gerben,
Die Welt zu schwärzen, sie schwarz zu färben.

Der Baum in der Brücke

In Olten die Alte Brücke, über die Aare
Trägt sie die schnelle Zeit, langsam
In ihrem Gemäuer, die Wurzeln im Untergrund,
Wuchs ein Baum und wuchs und
Sprengte den Stein mit der Zunge
Des Blatts, wuchs, widerstand
Der lumpigen Zeit, ein Lump,
Der sich nicht verbeugt vor dem Baum
Im Gemäuer, in der Mauer, ja
Die alte Lust, sich aufzubäumen.

Die Liebhaber

Mein Vater war ein Liebhaber der Morgenstunde. Viertel nach fünf machte er sich auf den Weg in die Reineckersche Maschinenfabrik und ahmte unterwegs die Vögel nach. Meine Mutter ist eine Liebhaberin langer Nächte, Hohlsaum und Zickzack, Daumen und Zeigefinger in der Knopflochschere. Ich bin ein Liebhaber der Erde, die solche Liebhaber hat.

Wie ein Engel

Jeden Tag in der Abenddämmerung,
Jeden Tag zu einer anderen Zeit,
Immer im letzten Licht
Der Alte immer hier vorbei, jeden Abend,
Auf dem Rücken den schäbigen Kasten.

Beim Trödler

In einer Wirklichkeit, die unwirklich ist,
Führte sie mich herum, zeigte auf dies, auf das, lachte.
Ihre Stimme weich wie der Regen, der draußen fiel.
Das kleine Gewitter ihrer Schritte
Im Halbschlaf der Dinge.

Herzschrittmacher

In meinem Leben war ich glücklich zweimal
Und als ich dein Leib war zwischen Wolf und Hund.
Die andern zwei Glückseligkeiten, ach
Was schert mich, ach
Was, eure Neugier!

Schattenfeder

In unseren Augen die Blitze, Feuer
Nester in diesem Sommer vor so vielen Jahren.
Wir waren Vögel, zwei, auf und davon,
Einer in der Bahn des anderen.

Sommer

Hier in den Mulden, in den schäumenden Wiesen,
Im Regen, der uns segnet und sonderbar singt,
Auf dem offenen Feld, im Hafer, der uns jetzt sticht,
Im Tollkraut, im Trollkraut, dunkel und licht,
Liebste, hier wolln wir machen, was den Tod
Zu Tode erschrickt, hier, im singenden Regen,
Damit es aufgehe in deinem Leib wie ein Brot,
Auf dem roten Acker, mein ein und mein alles,
Im Regen, Liebste, und nicht unterm Dach,
Hier, wo wir singen, in den schäumenden Wiesen.

Aufwachen, zu zweit

Sanft unsere Beine, Arme, Zungen,
Einander zugeordnet mehrfach, entwerfen sie
Womöglich Grußadressen, sanft
Wie sie hervorgehn aus der Nacht.

Guten Morgen, Herzschöne

Dein Mund ist meine Tür,
Mein Leib ist dein Haus,
Ein Menschenalter drin zu wohnen,
Ein Zwillingslebenslauf.

Die Schuhe

Stell deine Schuhe zu meinen, Spitze gegen Spitze,
Wie sie uns trugen aufeinander zu, aufeinander zu.

Die Verschwörung

Unter den Schürzen des Apfelbaums,
Liebste, rosa und weiß,
Hier geht sie uns auf, die einzige Losung:
Seid einig, einig, eins.

Wohnung

1

Stell augenblicklich an: den Körper, deinen
Leichtsinn möcht ich haben: Eins genügt!

Verstehst du denn kein Deutsch, die Sprache
Gibts doch, auf der Behörde karg benutzt,
Dröhnt sie: Der Nächste! Das ist ernst,
Gemeint sind wir, die nach Quartieren
Geduldig anstehn.

Vonwegen: Eins genügt!
Das ist ein Anfang, der ein halbes Zimmer
Einbringt, fünf brauch ich, eventuell
Mit Zwillingen wärs zu erreichen,
Schlagartig, oder besser: gib eins zu,
Vier Kinder, eine andre Möglichkeit,
Bei deinem Körperbau, ich seh sie nicht und seh,
Wenn ich dich greif: greifbar nah die Wohnung.
Erzähl mir nichts, uns schirmt der Strauch,
Diese Zeit braucht deinen dicken Bauch.

2

Da benahms ihr doch den Atem, die mich großzog,
Meine Mutter, und sie schenkte mir nicht Glauben,
Kam mit Napfkuchen und Rotwein, wie im Märchen,
Sagte selbst sie, eine abgeschlossene Wohnung,
Und ich suchte, fand den Schlüssel, schloß auf,

Die Kinder, vier, stürmten kreischend hinein
In die Notküche, durch sie durch, in die Nebenräume,
Zwei insgesamt, die warn mit Lärm und Kinderbeinen
Völlig angefüllt, wohin also mit einigen
Möbeln, mit mir, in der Rolle des Vaters, und
Wohin, am Ende, mit ihr, der zahlreichen Mutter, die
Altert zügig, jeder Geburtstag ein Dreisprung,
Das alles, kugelrunde Frau und kleinkarierte Räume,
Zwei, zusätzlich Kochabteil, das alles wiegt auf,
Bei einem Drittel Dutzend Kindern, die Spesen.

Kindersegen

Lieber Stefan, Stefanus
Wo sie dich nicht treffen
Hier unterm Haselstrauch
Im Bogen die Steine zurück
In ihre Nester, die Wege
Offen bis zum Horizont
Wir schneiden Haselzweige
Zu zweit übers grüne Feld
In den Händen Wünschelruten
Das gegabelte Glück.

Bittschrift

Der Frau im Café, die mit ihrem Schoßhund italienisch spricht, nicht mit der Frage nach der Uhrzeit ins Wort zu fallen. Das aufgeschlagene Knie des Kindes nicht mit Ermahnungen zu verpflastern. Dem Krüppel nicht in Erinnerung zu rufen, was das ist, ein Paar neue Schuhe. Keinen Liebesbrief zu schwenken wie ein loderndes Tuch, wenn ein Entmutigter vorübergeht. Die Bürde des Fehlschlags um ein Gran zu erleichtern, oder um zwei. Den Wolf nicht nur im Märchen zu erkennen. Die ewigen Bündnisse um einen Tag zu verkürzen.

Fortgehen

Die Alte, die Venus
Von damals, die von allen Vergeßne,
Heute ist sie fortgegangen.

Lange schon hatten sie ihre Getreuen verlassen,
Der Mut, die Heiterkeit, der Appetit.
Kein Besuch mehr vor der Tür, nur
Die Schmerzen traten ein und blieben bis zum Morgen.
Fort die Klassenkameraden,
Fort der Bruder im Matrosenanzug,
Sie gingen ihr voraus, adieu,
Wie ihr Sohn, den sie sprechen hörte in den Nächten,
Wenn das Käuzchen rief, den Weg zeigte,
Da ging sie ihm nach.

Zurück blieben die Tasse mit dem kalten süßen Tee,
Der Ohrensessel, in dem sie saß und döste,
Der traurige Krückstock,
Im Zahnputzglas das grinsende Gebiß.

Die Dinge, die ihr durch den Kopf gegangen sind.

Die Alten vom Bürkliplatz

Krumm wie die Bäume am Meer.
Leicht wie Pappellaub.
Wie Schneckenhäuser leer.
Wie die Steine taub.

Schöne graue Wesen, die langsam zerfallen.
Ihre riesigen Ohren, in denen Stimmen nachhallen.

Geklammert an kuriose Stöcke.
Viel zu lange, verwegene Röcke.
Kalte Zigarren in den Fingern.
Knie, die bedenklich schlingern.

Mit einem kleinen Geschwür im Magen.
Mit einem Schatten auf der Lunge.
Mit lachsroter und mit giftgrüner Zunge.

Wie sie graus nach Grausem fragen!

Einst waren sie verführerisch mit Brüsten wie Trauben.
Einst gingen sie nebeneinander wie die Turteltauben.
Als sie die Schnurrbärte zwirbelten unter Rosenlauben,
Wollten sie bei Gott nicht ans Ende glauben.

Waren sie nicht die schönste Frau, der mutigste Mann?
Fingen nicht auch sie die gewaltigsten Dinge an?

Täglich in der Vormittagssonne sitzen sie hier.
Einer zählt die Mädchen, einer trinkt Bier.

Sie hocken da und schweigen.
Manchmal wundern sie sich.
Ihr sollt euch vor ihnen verneigen.
Der auf der Bank dort bin ich.

Wenn Er sie ruft, müssen sie hinter ihm her.

Und auf einmal gackern sie los wie die Hennen
Und möchten mit sich selber um die Wette rennen.

Und sind doch schon wie Erde schwer.

Phantasien am Zürichsee

Friedrich Gottlieb Klopstock war hier
Vor zweihundertachtundzwanzig Jahren.
Bei Herrliberg mit einem Ruderboot
Ist er über den See gefahren.
Er trug Kniehosen, schwarz, dazu
Halblange Strümpfe, dunkelblau,
Und entwarf Oden an Meta, geborene Moller,
Eine Hamburger Bürgersfrau.
Er trug ein weißes Spitzenjabot,
Er führte ein Dutzend Gänsekiele bei sich,
Sechs als Gastgeschenk an Bodmer, um sechs
War er dort geladen zu Tisch
Und las aus dem Messias, je länger je lieber
War das Eichmaß der mahlenden Poeten.
Sie ergingen sich in gepfefferten Reden
Über das Wahrscheinliche, das Wunderbare.
Die Langensalzaer waren seine glücklichsten Jahre.
Er trug auch das dreifarbne Band auf der Brust,
Die Trikolore, seit zweiundneunzig
Ehrenbürger der Französischen Republik.
Später wies er die Ehre zurück,
Später, als die Trikolore einfarbig war,
Rot wie die abgehaunen Rüben statt rot wie Nelken,
Und das Wahrscheinliche nicht mehr wunderbar.

III

Gedächtnis

Im Fremden ungewollt zuhaus.
Wer schrieb das?
Ich, oder du,
Als du gingst durch Zürichs Hügelgassen.
Du hast es aufgeschrieben,
Wo ich jetzt gehe,
Im Fremden ungewollt zuhaus.

Ich lebe hier

Ich lebe hier und nicht dort und mit dir.

Und der Wind kommt vom See und von Luv und von Lee,
Und er bringt, was er bringt, und er bringt mir den Schnee,
Und ist rot, wenn ich komm, und ist schwarz, wenn ich geh,
Und der Wind trägt ihn her, trägt ihn hoch, trägt ihn fort,
Und der Wind ist mein Kind, ist mein Kind hier wie dort,
Und der Wind trägt den Schnee, und der See ist sein Ort.

Ich lebe hier und nicht dort und mit dir.

Arioso

Ich bin der Weggehetzte.
Nicht der erste, nicht der letzte.

Von keiner Mine zerrissen.
Vorm Zaun nicht ins Gras gebissen.

Keine blaue Bohne in der Lunge.
Nichtmal Blut auf der Zunge.

Mein Leib und meine sieben Sinne,
Alles frisch und unversehrt.

Das Leben, das ich nun beginne,
Lebt sich grade umgekehrt.

Ich bin der Weggehetzte.
Nicht der erste, nicht der letzte.

Mir ist die Welt ins Herz gesprungen.
Mir, dem großen Lausejungen.

Die Lehrerin hat gesagt

Dein Vater der Staatsverbrecher.
Aber das glaub ich der nicht,
Die hat ihren Schatten verkauft.
Aber das glaub ich der nicht,
Für Geld sagt die über den alles.

Drei Bücher

Im Gästebuch unter Freunden,
Ihre Gedanken in meinem Kopf.
Unter J im Telefonbuch,
Einer von vielen, die reden werden.
Und im Buch Derer von Lichtenberg
Unter Lustmördern und Kindsentführern,
Fahndungsbuch, Ahndungsbuch,
Zu inkriminierendes Element.

Gezeiten

Ich bin traurig, ich bin froh.
Ich bin ein freier Mann, der Libero.
Auf daß mir nichts fehle.
Damit ich nichts habe.
Schwarze Seele
Und weißer Rabe.
Eingelegte Ruder, frischer Mut.
Ein mir feindlicher Bruder.
Ebbe und Flut.

Kerben

Ich hatte ein gutes Leben.
Es hat keinen Krieg gegeben,
In den ich hätte ziehen müssen.
Ich badete noch in den Flüssen
Zschopau und Elbe.
Ich sah die Limmat, die Aare,
Kindheit und Mannesjahre
Sind nicht dasselbe.
Einmal bin ich ausgerissen.
Ich wollte wissen,
Wo die Lichtelfen wohnen,
Und wurde wieder eingefangen
Mit Armen wie Stangen
Zum Nüsseschlagen.
Was soll ich euch sagen?
Ihr dürft euch nicht schonen.
In den Gärten die Feuerbohnen
Haben blauschwarze Schalen.
Ich litt Höllenqualen,
Ich hörte die Racheengel singen,
Ich war der barmherzige Samariter,
Als ich die Wunden des Sängers salbte.
Ich sah ein Kalb, das kalbte.
Ich spürte den Irrsinn des Lebens,
Ich baute mein Haus vergebens.
Nachts erscheint mir der Schnitter
Ferner als in den dunklen Tagen.
Ich denke an die letzten Dinge,
Nagel, Hanf und Schlinge.

Geht jetzt, die Käuzchen schreien,
Ich tanze mit mir Tango zu dreien.
Sechs Bretter hat ein guter Schragen.
Ich habe euch nichts mehr zu sagen.

Gehäuse

Fünf Zimmer in Küsnacht.
Fünf hat auch der Apfel, fünf Stübchen.
Der Hamster hat vier,
Und drei Wohnungen sind in der Zeit,
Zwei in den Kammern der Herzen.
Zum Schluß dann die eine.

Briefe schreiben, Briefe lesen

Und schreib, schreibt meine alte Mutter,
Sie ist alt wie Methusalems Esel, steinalt,
Schreib für die Arbeiter, wie sie
Ihr ganzes Leben lang, das kennt ihr alle nicht,
Sie kennt es und wurde krumm davon,
Und in Plauen am Westbahnhof die gefangenen Russen,
Das darf doch nicht wiederkommen,
Wenn sich das rächt, wie sie die zugerichtet haben,
Aus Rache ist sie nun eingesperrt in ihr Haus,
Und bleib gesund, mein Kind, schreib mir,
Schreibt meine alte Mutter, die Geisel,
Was machen deine Nieren, mir tun die Zähne weh,
Die elende neue Prothese, bloß noch Suppen,
Ich lege ein Haar in den Brief, schreibt die Geisel,
Wenn es noch drin ist, dann weißt du,
Ach, die unstillbare Lust, Briefe zu lesen,
Ob ich dich wiedersehen werde, wer weiß,
Ich weiß nicht, immer dieses Geraschel nachts,
Schritte die Wände hinauf, hörst du es auch?

Korrespondenzen

Ich seh, daß du mich siehst.
Ich seh dich im Spiegel.
Ich seh dich im Spiegel des Herzens.
Den Brief in der Hand.
Die Hand auf dem Tisch.
Der Tisch vor dem Fenster.
Du siehst, daß ich dich seh.
Du siehst mich im Spiegel.
Ich seh, daß du siehst, daß ich dich seh.
Du siehst, daß ich seh, daß du mich siehst.
Du siehst mich mit deinem Herzen.
Vor dem Fenster der Tisch.
Auf dem Tisch die Hand.
In der Hand den Brief.

Schnitte

Der Schnitt ins eigne Fleisch.
Der Schnitt durchs Land.
Es ist ein Schnitter, heißt der Tod.
Der hat seinen Schnitt gemacht.

Ein Wiesenstück

Der Schuß stehend freihändig,
Das Bündel zusammengesackt.
Vor dem Bündel der Hundelaufgraben,
Vor dem Hundelaufgraben die spanischen Reiter,
Vor den spanischen Reitern das Minenfeld,
Vor dem Minenfeld der Gitterzaun,
Hinter dem Gitterzaun das Minenfeld,
Hinter dem Minenfeld die spanischen Reiter,
Hinter den spanischen Reitern der Hundelaufgraben,
Hinter dem Hundelaufgraben das Bündel.

Verbotenes Lied

O Vaterland, o Vaterland.
Laß uns dir zum Guten dienen.
Einigkeit und Recht und Freiheit.
Brüderlich mit Herz und Hand.
Und das liebste mags uns scheinen,
So wie andern Völkern ihrs.
Und der Zukunft zugewandt.

Das Verlangen

Sie verlangten von ihm, vergiß diesen Namen, und es war der Name seines Vaterlands, sie säten Haß und verlangten, trage ihn in deinem Herzen, sie verlangten Gehorsam, Keuschheit und Demut, den Jubel bei Tagesanbruch, die Blindheit auf einem Auge, sie verlangten von ihm, sie langten nach ihm, und er hörte ihnen zu mit langgezogenen Ohren, sie verlangten, sage nur das, was wir dir sagen, und er machte den Mund auf, endlich, und sprach nicht wie ihm ihr Schnabel gewachsen war, sondern voller Begierde, aber sie hörten ihm nicht zu, sie verlangten von ihm, das verlangen wir, und da verdoppelte sich sein Verlangen um das Vierfache ihrer Wahrheit, unaufhörlich, unbezähmbar, wild.

Das Dorf

Von weitem das Dorf, im Staub Brandenburgs ein Wurf Häuser, Gärten und Hecken, die Zufahrtswege, das ist nichts für euch, zerschnitten von Schlagbäumen, einsam wie eine Einsiedelei und gehütet wie der Augapfel, fremdartiger als der Mond, die künstliche Insel der Seligen, von sich selbst umzingelt wie eine Schlinge, Kokon, der sich nicht entwikkelt, aber entpuppt, das ist nichts für euch, die verbotene Stadt, die Vorboten des Frühlings, hier sind es Leuchtkugeln, Hubschrauber statt Hummeln, wie Ameisen die Instandhaltungstrupps, nirgendwo Verfall, alles in Schuß, schußbereit, und das ist für euch, die Radarüberwachung, die Umgehungsstraße.

Stoßgebet

Wenn einer wegwill und noch kein Greis ist, weder Dienstreisender noch Sportler, kein Kundschafter der heiligen Sache, dem stehe bei der Allmächtige der Vogelfreien, der achte auf seine geächtete Hand, die das unterschrieb, ich will hier raus, der hat sein Urteil gefällt, der darf nicht mehr sein in Lohn und Brot, ein Querulant unter Tausenden zu Abertausenden, in die Korrektionsanstalt mit dem, nach Waldheim, Bautzen, Hoheneck, nach Cottbus in die Dunkelzelle, singen lernen, verpfeifen, verraten und verkauft, der Verkauf der Landeskinder nach Hessen, Kopf um Kopf, der ist verlassen von allen guten Geistern und stolpert vor die Kameras, die ersten Schüsse im Jenseits Schnappschüsse, Allmächtiger, mit aller Macht, dem stehe bei.

Anmerkungen

Gedächtnis *Im Fremden ungewollt zuhaus* Zitat aus einem Gedicht Max Herrmann-Neißes (1886–1941), der 1933 über Zürich nach London emigrierte.

Drei Bücher *Lichtenberg* Stadtviertel in Berlin/DDR, in dem sich das Ministerium für Staatssicherheit befindet.

Verbotenes Lied Montage aus fünf Zitaten von drei deutschen Dichtern, deren Lieder in Deutschland / einem seiner Teile verboten waren / sind.

Das Dorf *Wandlitz* Ortschaft bei Berlin/DDR, Wohnsitz der Regierung und hoher Parteifunktionäre.

Inhalt

I

II